2
Connecté à Gaïa

3
Hiberne et Régénère

4
Médite pour explorer

5
Ancré et Centré

6
Magie de la Terre

7
Sème les graines

7
Imagine et Conçois

2
Écoute la Sagesse

3
Médite pour clarifier

4
Gratitude

5
Magie de l'Air

6
Leçon de vie

7
Vœux et Prières

8
FATE
Accepte ta Destinée

9
Exprime ta pensée

10
Transformé et Changé

7
Soleil et Étoiles

2
Accepte l'Amour

3
Médite pour créer

4
Inspiration et Courage

5
Magie du Feu

6
Cède à la Passion

7
Poursuis tes rêves

8
Guérison du Cœur

9
Distribue l'Amour

10
Joie et Plaisir

7
Eaux Salvatrices

3
अहिंसा
Médite pour t'apaiser

4
Changement et Progrès

5
Magie de l'Eau

6
Active-toi

7
Porté par le courant

8
Changement Positif

9
Larmes de Tristesse et de Joie

10
Renaissance et Réinvention

Bienvenue chez
Arcana Sacra

Puisse ce jeu vous guider sur votre chemin de vie.

Arcana Sacra

10
Prospérité et Abondance

11
Récolte de saison

8
Force et Résilience

9
Affirme ta croissance

2
Purifié Corps et Âme